Discovery EDUCATION

맛있는 과학

디스커버리 에듀케이션
맛있는 과학-28 갯벌 탐사

1판 1쇄 발행 | 2012. 3. 9.
1판 4쇄 발행 | 2018. 3. 11.

발행처 김영사
발행인 고세규
등록번호 제 406-2003-036호
등록일자 1979. 5. 17.
주 소 경기도 파주시 문발로 197(우10881)
전 화 마케팅부 031-955-3102 편집부 031-955-3113~20
팩 스 031-955-3111

값은 표지에 있습니다.
ISBN 978-89-349-5477-4 64400
ISBN 978-89-349-5254-1 (세트)

좋은 독자가 좋은 책을 만듭니다. 김영사는 독자 여러분의 의견에 항상 귀 기울이고 있습니다.
독자의견전화 031-955-3139 | 전자우편 book@gimmyoung.com | 홈페이지 www.gimmyoungjr.com
어린이들의 책놀이터 cafe.naver.com/gimmyoungjr | 드림365 cafe.naver.com/dreem365

어린이제품 안전특별법에 의한 표시사항
제품명 도서 **제조년월일** 2018년 3월 11일 **제조사명** 김영사 **주소** 10881 경기도 파주시 문발로 197
전화번호 031-955-3100 **제조국명** 대한민국 ⚠**주의** 책 모서리에 찍히거나 책장에 베이지 않게 조심하세요.

최고의 어린이 과학 콘텐츠

디스커버리 에듀케이션 정식 계약판!

Discovery EDUCATION

맛있는 과학

28 | 갯벌 탐사

태영경 글 | 최승협 그림 | 류지윤 외 감수

주니어김영사

차례

1. 갯벌이란 무엇일까요?

2. 갯벌은 어떻게 생기나요?

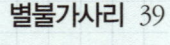

3. 갯벌의 생물들

4. 갯벌이 주는 혜택

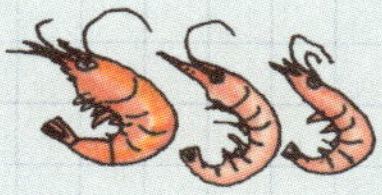

5. 세계의 갯벌

6. 우리나라의 갯벌

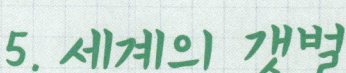

관련 교과

초등 4학년 1학기 2. 지표의 변화
초등 6학년 1학기 4. 생태계와 환경
중학교 1학년 5. 지각의 물질과 변화

1. 갯벌이란 무엇일까요?

서해에 있는 바다에 가 본 적이 있나요? 그렇다면 동해에 있는 바다에는요? 서해안과 동해안의 차이점 중 하나는 갯벌이에요. 갯벌은 서해안에만 있거든요. 갯벌은 찐득찐득하고 거무스름한 흙이 쌓여 있는 넓은 땅을 말합니다. 이 갯벌에 신비한 비밀이 숨겨져 있답니다.

갯벌의 뜻과 종류

갯벌은 어떻게 생기나요?

갯벌이란 바닷물이나 강물이 빠지면서 생겨나는 넓고 평평한 땅과 그 주변 지역을 말합니다. 대체로 밀물과 썰물의 이동으로 운반되는 모래나 점토의 작은 입자가 오랫동안 바닷가에 쌓여 평탄한 지형이 생기지요. 이렇게 생긴 갯벌은 만조 때에는 물속에 잠기지만 간조 때에는 드러나며 퇴적물질이 운반되면서 점점 쌓이게 됩니다.

그렇다면 이 갯벌이 어째서 동해안에는 없고 서해안에만 있을까요? 서해안은 밀물과 썰물의 물 높이의 차가 크기 때문에 퇴적물이 더 잘 쌓여 갯벌이 잘 형성될 수밖에 없습니다. 밀물과 썰물의 물 높이의 차가 큰 이유는 해안선이 들고 나온 정도가 심하고 바다가 육지 속으로 파고들어와 있는 '만'이 발달되어 있기 때문입니다. 이런 까닭에 우리나라 총 갯벌 면적의 83%가 서해안에 분포되어 있습니다. 서해안의 갯벌은 세계적으로도 손꼽혀요. 캐나다 동부 연안, 미국 동부 연안, 북해 연안, 아마존 유역 연안과 함께 세계의 5대 갯벌로 손꼽히는 자랑스러운 곳입니다.

만조와 간조

만조란 밀물이 가장 높은 해면까지 꽉 차게 들어오는 현상이나 그런 때를 말하며, 간조란 바닷물이 빠져나가 물의 높이가 가장 낮아진 상태를 말합니다. 간조는 하루에 두 번 일어나며, 달의 인력 때문에 나타나는 현상이에요.

갯벌의 종류

갯벌은 어떤 물질들이 쌓이느냐에 따라서 그 모습이 확실히 달라집니다. 일반적으로 우리가 알고 있는 질퍽질퍽한 진흙이 많은 갯벌은 '펄갯벌'이라고 합니다. 그리고 모래 성분이 많은 갯벌은 '모래갯벌', 이 두 종류의 갯벌이 혼합되어 있는 갯벌은 '혼성갯벌'이라고 불러요.

해변에는 모래갯벌이 많다.
ⓒ Jerry Kirkhart@the Wikimedia Commons

물의 흐름이 완만한 강의 하

구나 물길이 굽어진 곳에는 넓은 펄갯벌이 많이 분포되어 있습니다. 어떤 곳은 그 폭이 5㎞가 넘기도 합니다. 반대로 물의 흐름이 빠른 수로 주변이나 해변에는 모래갯벌이 많이 분포되어 있어요. 모래갯벌은 해안 경사가 급해서 갯벌의 폭이 보통 1㎞ 정도로 좁습니다.

대부분의 지역에서는 세 가지 종류의 갯벌을 동시에 볼 수 있습니다. 펄갯벌과 모래갯벌 사이에 둘이 혼합되어 있는 혼성갯벌이 존재하지요. 우리나라 강화도의 경우, 동검도 주변은 펄갯벌이지만, 서쪽으로 갈수록 혼성갯벌이나 모래갯벌로 바뀌는 것을 볼 수 있습니다.

바다 주변에만 갯벌이 형성되지는 않아요. 우리나라 서해안과 남해안은 해안선이 복잡한데 크고 작은 수많은 강과 하천이 자리 잡고 있습니다. 그 강과 하천 주변에도 여러 형태의 갯벌이 있습니다. 갯벌의 형태에 따라 우렁이, 게, 조개, 고둥 등 여러 종류의 생물이 살고 있습니다. 갯벌은 우리 가까이에서 여러 가지 혜택을 주는 고마운 존재입니다.

갯벌을 땅으로 바꿔요

간척과 매립

갯벌을 밟아 본 적이 있나요? 예전에 사람들은 발이 쑥쑥 빠지고, 물이 들어오면 보이지도 않는 갯벌을 쓸모없는 땅으로 여겼습니다. 갯벌 위에 집이나 건물을 지어 사람이 살 수도 없고, 야채나 과일을 심어서 기를 수도 없었으니까요. 그래서 1980년대 후반부터 우리나라는 서해안 개발이라는 이름으로 간척과 매립 사업을 진행했습니다.

간척하는 방법은 그리 어렵지 않아요. 육지와 가까운 바다의 일부분에 둑을 쌓아서 물이 들어오지 못하도록 막고, 그 안에 있던 물을 빼내면 갯벌은 육지로 변했습니다. 매립 역시 갯벌을 돌이나 흙 등으로 채워서 육지로

레바논의 수도 베이루트에 있는 간척된 땅. © James Whotley@flickr.com

만들기 때문에 어렵지 않은 일이었지요. 우리나라의 국토를 늘릴 수 있는 일이라는 생각에 많은 사람이 이 사업을 환영했습니다.

하지만 갯벌을 간척하고 매립해서 많은 문제가 생겼습니다. 쓸모없어 보이던 갯벌이 사실 큰 역할을 하고 있었기 때문이에요. 갯벌은 자연의 일부분으로 오염 물질을 깨끗하게 해 주고, 홍수를 조절하는 등 사람의 생활에 중요한 도움을 주고 있어요. 갯벌이 주는 여러 가지 도움이 눈에 보이지 않았을 뿐이에요. 갯벌이 어떤 역할을 하는지는 4장에서 더욱 자세히 공부하겠습니다.

새만금 간척 사업

새만금 간척 사업은 전라북도 서해안 지방에서 시행된 대규모의 간척 사업으로 1991년부터 본격적으로 시작되었습니다. 전라북도 부안군에서 군산시 비응도까지 이어지는, 세계에서 가장 긴 33㎞의 방조제를 만들어서 여의도의 140배나 되는 국토와 농경지를 만들어 내는 엄청난 사업이었습니다. 하지만 1996년에 새만금과 같이 사람의 손으로 만들었던 시화호의 수질 오염이 심각해졌고, 인공적으로 자연을 훼손시키는 것에 대한 문제점이 드러나기 시작했습니다. 이때부터 여러 환경 단체들은 새만금 간척 사업을 취소하자는 운동을 끈질기게 벌였어요.

방조제

밀려드는 바닷물을 막기 위한 둑입니다. 간척지에 있는 농지나 건물을 바닷물로부터 보호하는 역할을 합니다.

결국 나라에서는 1999년 5월 간척 사업을 중단하기로 했습니다. 하지만 새만금 간척 사업을 이대로 그만둘 수 없다며 공사를 다시 시작하자는 사람도 많았어요. 그래서 사업을 중단해야 한다는 입장과 사업을 계속 진행해야 한다는 입장의 사람들 사이의 논쟁은 그 후로도 몇 년간 계속되었습니다. 새만금 주변 지역의 농민, 환경 단체와 나라 사이의 끝없는 싸움은 계속되었지요.

하지만 2006년 3월, 새만금 간척 사업을 둘러싼 싸움은 대법원이 간척

여의도의 140배나 되는 국토를 더 만들어 내는 새만금 간척 사업.

사업을 계속 해야 한다는 사람들의 주장을 인정해 주면서 끝나게 되었습니다. 새만금 공사는 다시 시작되었고, 첫 공사가 시작된 지 19년 만인 2010년 4월에 세계에서 가장 긴 방조제가 드디어 완공되었습니다. 그 후에도 공사는 계속 진행되고 있어요. 방조제 안을 흙으로 채워 넣는 간척 사업이 가장 주된 공사이지요. 2020년까지 그 공사를 완료하여 새롭게 만들어진 토지를 계획에 따라 개발하는 것을 목표로 두고 있습니다.

이렇게 한창 공사가 진행되고 있으니, 몇 년이 흐르면 우리나라의 지도 모양이 바뀌겠지요? 공사가 끝날 때까지, 그리고 공사가 끝난 후에도 환경이 오염되지 않도록 신중히 공사를 진행해야겠어요.

TIP 요건 몰랐지?

'갯벌'과 '개펄'

고운 진흙이 깔린 개펄.
ⓒ Pinpin@the Wikimedia Commons

개펄과 그 주변 지역까지 포함되는 갯벌.
ⓒ Caliga10@the Wikimedia Commons

'갯벌'이라는 말도 들어 본 적이 있고, '개펄'이라는 말을 들어 본 적도 있을 거예요. 비슷한 이 두 단어는 같은 뜻일까요, 다른 뜻일까요?

'개펄'이란 바닷물이나 강물 등 물이 흐르는 곳의 가장자리에 거무스름하고 미끈미끈한 고운 진흙들이 깔린 벌판을 뜻합니다. 개펄에 있는 고운 진흙을 이용해 피부를 마사지하는 것을 본 적이 있지요? 바로 그 진흙이 깔려 있는 곳을 개펄이라고 합니다.

'갯벌'은 개펄보다는 좀 더 넓은 뜻입니다. 갯벌이란 개펄과 그 주변의 바다와 만나는 모래가 깔린 부분까지 포함하는 말이에요.

비슷하지만 뜻이 다른 두 단어, 이제는 헷갈리지 않기도 해요.

Q&A 꼭 알고 넘어가자!

문제 1 캐나다 동부 해안, 미국 동부 해안, 북해 연안, 아마존 강 유역과 더불어 세계의 5대 갯벌로 손꼽히는 곳은 어딜까요?

문제 2 '개펄'과 '갯벌'은 어떻게 다른가요?

3. 간척 사업을 하면 우리나라의 국토를 늘릴 수 있습니다. 하지만 갯벌의 간척과 매립으로 인해 발생되는 문제점이 많아요. 갯벌은 자연의 일부분으로서 바닷물을 깨끗하게 하고, 홍수를 조절하는 등 사람들의 생활에 중요한 도움을 주고 있습니다.

문제 3 간척 사업을 하면 어떤 문제점이 생기나요?

정답

1. 우리나라의 서해안입니다. 우리나라의 서해안은 밀물과 썰물의 물 높이의 차가 크기 때문에 퇴적물이 더 잘 쌓여 갯벌이 더욱 잘 형성될 수밖에 없습니다.

2. '개펄'이란 바닷물이나 강물 등 물이 흐르는 곳의 가장자리에 거무스름하고 미끈미끈한 고운 진흙들이 깔린 벌판을 의미합니다. 그리고 '갯벌'이란 개펄과 그 주변의 바다와 만나는 모래가 깔린 부분까지 포함하는 말이지요.

관련 교과

초등 5학년 1학기 1. 지구와 달
중학교 2학년 6. 태양계
중학교 3학년 7. 태양계의 운동

2. 갯벌은 어떻게 생기나요?

밀물과 썰물의 차이가 크면 퇴적물이 더 잘 쌓이고, 그 결과 갯벌도 잘 형성됩니다. 그렇다면 밀물과 썰물이 없다면 갯벌도 생길 수가 없겠지요. 이번 장에서는 밀물과 썰물이 정확히 무엇인지, 그리고 어떻게 해서 바닷물이 밀려왔다가 밀려가는지 그 이유를 알아보도록 해요.

달이 바닷물을 잡아당겨요

달의 인력과 조석 현상

갯벌을 숨긴 채 바닷물이 밀려들어 오는 현상을 '밀물'이라고 합니다. 반대로 갯벌을 드러내며 바닷물이 빠져나가는 현상을 '썰물'이라고 하지요. 이렇게 밀물과 썰물이 번갈아 나타나는 현상을 '조석 현상'이라고 합니다. 이 조석 현상은 어떻게 해서 일어날까요?

밀물과 썰물은 하루에 두 번 일어납니다. 그중 한 번은 달이 지구를 잡아당기는 힘에 의해 생기게 됩니다. 그 힘을 달의 인력이라고 합니다.

달은 지구 주위를 돌고 있습니다. 그런데 수십억 년 동안이나 지구의 주위를 맴돌고 있으면서 단 한 번도 돌기를 쉬거나 경로를 벗어난 적이 없었던 이유는 무엇일까요? 달이 지구를 잡아당기는 인력이 작용하기 때문입니다.

친구와 함께 양손을 잡고 마주 본 채 빙글빙글 돌아 볼까요? 이때 서로를 잡아당겨 주지 않는다면 둘 중 하나는 바깥쪽으로 튕겨 나가게 됩니다. 달이 지구 주위를 항상 같은 경로로 맴돌 수 있는 것도 이와 같은 원리입니다. 그 인력으로 달이 지구 주위를 회전하면서 지구에 있는 바닷물도 잡아당깁니다.

으랏차차~ 당겨~. 지구~ 이리와~.
달은 수십억 년 동안 한결같이 지구를 맴돌고 있네. 어쩌나 적극적으로 당기는지 바닷물이 끌려가네~.

우리나라와 우루과이의 밀물

바로 이 때문에 바닷물의 높이가 달이 보이는 위치에 따라, 지역에 따라, 나라에 따라 모두 다릅니다. 그런데 우리나라가 밀물일 때 함께 밀물이 되는 나라가 있습니다. 바로 지구 반대편에 있는 우루과이라는 나라입니다. 어떻게 우리와 반대쪽에 있는데 같은 시간에 밀물이 일어날까요?

달이 지구의 주위를 돌듯이, 지구도 태양의 주위를 돌고 있습니다. 이렇게 원운동을 하게 되면 원심력이 생깁니다.

우리나라가 밀물일 때, 지구 반대편에 있는 우루

원심력

어떤 물체가 회전할 때 원의 중심에서 멀어지려는 방향으로 작용하는 힘을 말합니다. 자동차가 커브를 돌 때 몸이 기울어지는 것, 세탁기 안의 원통이 돌아가면서 탈수할 수 있는 것도 모두 원심력 때문입니다.

원심력이 밀물과
썰물에 영향을
미치는지 몰랐네.

과이에서도 밀물인 이유는 바로 이 원심력 때문입니다. 우리가 달의 영향을 받을 동안 지구 반대편에서는 태양을 중심으로 회전하는 지구의 원운동에 의해 생긴 원심력으로 바닷물이 몰려 버리는 거예요. 반대로 우루과이가 달의 영향으로 밀물이 될 때, 우리나라도 원심력에 의해 또 한 번 밀물이 일어나지요. 밀물은 이렇게 달의 인력에 의해, 원심력에 의해 하루에 두 번씩 찾아옵니다.

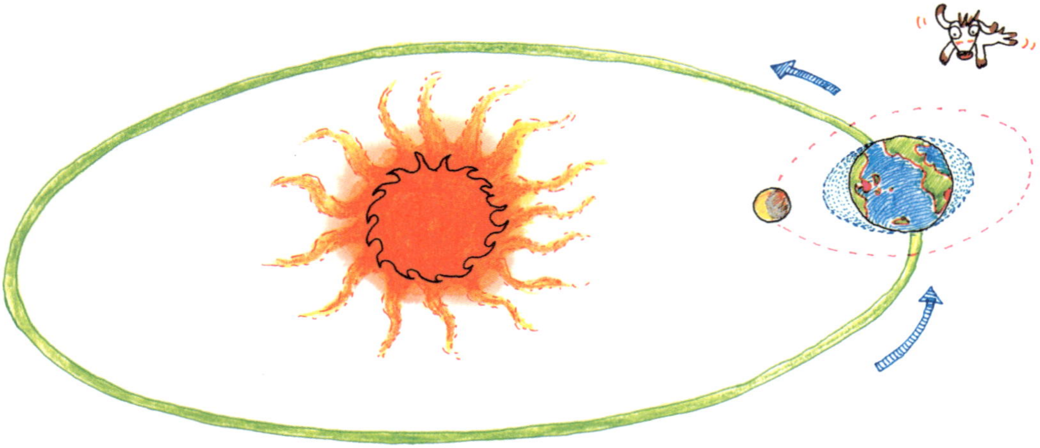

우리나라가 밀물이면 지구 반대편 나라인 우루과이도 밀물이 된다.

TIP 요건 몰랐지?

밀물과 썰물을 이용한 건강망

갯벌에 가면 저 멀리 갯벌이 끝나는 지점에 그물이 세워져 있습니다. 그 그물을 '건강망'이라고 불러요. 왜 갯벌에 그물을 쳐 놓았을까요?

건강망은 밀물과 썰물의 차가 심한 서해안 지방에서 조차를 이용하여 물고기를 잡는 수단입니다. 썰물일 때는 물이 다 빠져서 평평한 땅과 같지만 밀물일 때는 수많은 물고기들이 왔다 갔다 하는 곳이 바로 갯벌이잖아요. 이 점을 이용하여 밀물일 때 들어온 물고기가 썰물과 함께 다시 바다로 나가지 못하도록 건강망을 미리 세워 두는 것입니다.

물이 빠지고 나면 사람들은 플라스틱 통을 들고 가서 건강망 안쪽에 미처 빠져나가지 못하고 남아 있는 물고기를 담아 오기만 하면 됩니다.

태양·지구·달의 위치에 따른 변화

태양과 지구, 그리고 달은 가만히 정지해 있지 않고 계속해서 서로의 주변을 회전하는 원운동을 합니다. 그렇기 때문에 각각의 위치에 따라 밀물과 썰물의 차이가 커질 수도 있고, 작아질 수도 있어요.

원운동이 진행되다 보면 태양과 지구와 달이 일직선상에 놓이는 경우가 있습니다. 이 경우에는 지구에 인력과 원심력이 모두 작용하여 그 크기가 최대가 됩니다. 그러면 밀물과 썰물의 차이도 아주 크게 나타납니다. 이러한 시기를 '사리'라고 부릅니다.

반면 태양과 달이 지구를 중심으로 일직선이 아닌 수직선으로 놓이는 경우도 있습니다. 이때에는 인력과 원심력이 서로 영향을 주어 그 힘이 작아

지고, 그 결과 밀물과 썰물의 차이도 작아집니다. 이러한 시기를 '조금'이라고 합니다.

아래 그림을 보면 알 수 있듯이, 우리가 밤에 보게 되는 달의 위치에 따라서 바닷물 표면의 높이에 차이가 생깁니다. 밤하늘에 떠 있는 달의 모양을 보면서 내일 바닷물의 높이가 어떨지 예상해 볼 수 있겠지요.

■ **조금과 사리의 원리**

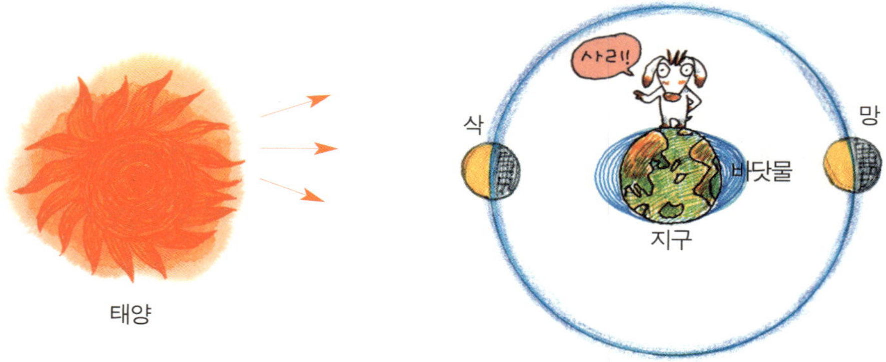

지구와 태양과 달이 일직선으로 놓이면 밀물과 썰물의 차이가 커지는 '사리'가 된다. 삭 때에는 달이 지구에서 보이지 않으며, 망 때에는 보름달이다.

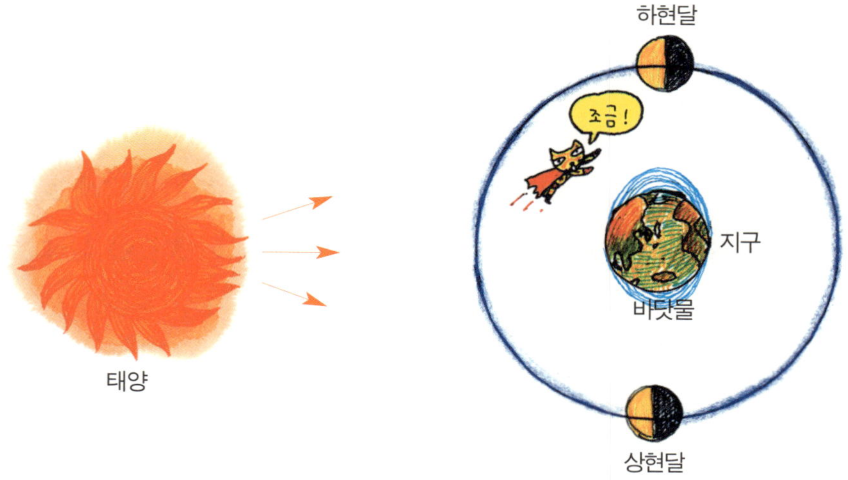

지구를 중심으로 태양과 달이 수직선으로 놓이면 밀물과 썰물의 차이가 작아지는 '조금'이 된다. 하현달은 활 모양의 현을 엎어 놓은 듯한 모양이고, 상현달은 둥근 쪽이 아래를 향한다.

서해안에서만 일어나는 조석 현상

우리나라는 삼면이 바다로 둘러싸여 있습니다. 하지만 갯벌을 볼 수 있는 곳은 서해안뿐이에요. 서해안에만 조석 현상이 일어나기 때문이지요. 조석 현상은 물의 높이가 주기적으로 높아졌다 낮아졌다 하는 현상인데, 보통 12시간 25분의 간격으로 하루에 밀물이 두 번, 썰물이 두 번 일어납니다.

이런 현상이 일어나는 이유는 지구의 자전, 달과 태양의 인력 때문입니다. 그렇다면 이 인력이 왜 서해안에서만 영향을 미칠까요? 사실은 그렇지 않습니다. 동해안과 남해안에도 조석 현상이 일어납니다. 하지만 우리 눈에 띄지 않을 만큼 밀물과 썰물의 차이가 매우 작기 때문에 뚜렷하게 조석 현상을 관찰할 수 없습니다.

이 조석 현상은 태양과 달의 인력뿐 아니라 지형의 영향도 받습니다. 서해안은 동해안이나 남해안보다 바다가 깊숙이 들어와서 막혀 있는 형태입니다. 그래서 밀물이 들어오면 출구가 막혀 물이 넘쳐 버리고, 그 결과 물 높이가 더욱 높아집니다. 이 때문에 같은 서해안이라고 해도 지역에 따라 밀물과 썰물의 크기 차이가 생깁니다.

지구의 자전

지구가 스스로 고정된 축을 중심으로 회전하는 운동을 말합니다.

TIP 요건 몰랐지?

동해안과 남해안의 조석

동해안의 조석은 매우 적어서 밀물과 썰물의 물 높이 차이가 0.3m 내외에 불과해요. 포항항 부근은 사리 때에도 조차가 0.2m에도 못 미쳐 우리나라에서 가장 조차가 작은 곳으로 꼽히기도 해요. 그런데 울산에서는 0.5m, 부산에서는 1.2m로 남쪽으로 갈수록 조차가 조금씩 커지기도 합니다. 평균 수면 높이는 3월에 가장 낮고, 8월에 가장 높아요.

남해안은 밀물과 썰물의 물 높이 차이가 부산 1.2m를 시작으로 하여 여수 3.0m, 완도 3.1m로 서쪽으로 갈수록 증가하지요. 평균 수면 높이는 2월에 가장 낮고, 8월에 가장 높지만 그 차이가 0.3m 정도밖에 되지 않아요.

목포 3.5m, 군산 6.0m, 인천 9.3m 등 높은 조차를 보이는 서해안과는 달리 동해안과 남해안은 해수면의 높낮이 변화가 그리 크지 않다는 것을 알 수 있어요.

Q&A 꼭 알고 넘어가자!

문제 1 밀물과 썰물 현상이 일어나는 원인은 무엇인가요?

문제 2 갯벌에 가면 저 멀리 갯벌이 끝나는 지점에 그물이 세워져 있습니다. 그 그물을 건강망이라고 불러요. 건강망을 설치한 이유는 무엇인가요?

3. 실제로 동해안과 남해안 모두 달의 인력에 의한 조석 현상이 일어나고 있어요. 하지만 우리 눈에 띄지 않을 만큼 그 차이가 작기 때문에 쉽게 볼 수 없습니다. 게다가 서해안은 동해안이나 남해안보다 바다가 깊숙이 들어와서 막혀 있는 형태입니다. 그렇기 때문에 밀물이 들어오면 출구가 막혀 물이 넘치고 그로 인해 물높이가 더욱 높아집니다.

문제 3 우리나라는 삼면이 바다로 둘러싸여 있습니다. 하지만 갯벌을 관찰할 수 있는 곳은 서해안뿐이에요. 왜 서해안에서만 조석 현상을 볼 수 있을까요?

정답

1. 밀물과 썰물은 하루에 두 번 일어납니다. 그중 한 번은 달이 지구를 잡아당기는 힘인 달의 인력에 의해 생깁니다. 다른 한 번은 우리가 달의 영향을 받을 동안 지구 반대편에서는 태양을 중심으로 회전하는 원운동에 의한 원심력으로 바닷물이 몰리게 되기 때문에 생깁니다.

2. 건강망은 밀물과 썰물의 차가 심한 서해안 지방에서 조차를 이용하여 물고기를 잡는 하나의 수단입니다. 밀물일 때 들어온 물고기가 썰물과 함께 다시 바다로 나가지 못하도록 건강망을 미리 세워 둡니다. 물이 빠지고 나면 건강망 안쪽에 미처 빠져나가지 못하고 남아 있는 물고기를 담아 오기만 하면 됩니다.

관련 교과

초등 3학년 2학기 2. 동물의 세계

초등 5학년 1학기 4. 작은 생물의 세계

중학교 1학년 4. 생물의 구성과 다양성

3. 갯벌의 생물들

갯벌에 가면 여기저기에 구멍이 뚫려 있어요. 무슨 구멍일까요? 갯벌이 숨을 쉬기 위해 뚫은 구멍일까요? 그 옆을 지나가는 작은 소라게도 보이네요. 갯벌에는 작은 생물이 많이 살고 있어요. 갯벌에 얼마나 다양한 생물이 살고 있는지 알아보아요.

농게

농게는 서해안 개펄에서 많이 볼 수 있습니다. 2~3㎝ 정도의 작은 몸에 10㎝나 되는 긴 숟가락 모양의 집게발이 붙어 있어 눈에 잘 띄어요. 등은 푸른색을 띠고, 등딱지와 다리에는 줄무늬가 있어요. 그리고 앞발에는 붉은 갈색 점이 많습니다. 농게는 진흙 개펄에 구멍을 파고 사는데, 그 구멍의 깊이가 80㎝나 되는 것도 있어요. 무리를 지어서 살기 때문에 다 같이 나와 먹이를 찾을 때에는 정말 멋진 광경이 펼쳐집니다.

농게는 우리나라뿐 아니라 일본, 중국, 보르네오 섬, 오스트레일리아 등지에서도 살고 있어요. 하지만 요즘은 간척 사업 때문에 서식할 수 있는 장소가 많이 줄어들었고, 그로 인해 개체 수도 점점 줄어들고 있습니다.

갯질경이

나물로 먹거나 약재로도 쓰이는 갯질경이는 바닷가 풀밭에서 많이 자랍니다. 10~30㎝ 길이의 잎은 타원 모양이고, 두꺼우면서도 광택이 있어요. 이 긴 잎들은 뿌리에서 모여 나와 비스듬하게 자라지요.

갯질경이는 5~7월에 하얀 꽃이 핍니다. 암술 한 개, 수술 네 개, 꽃받침 네 개를 가지며, 많은 꽃들이 꽃자루 위쪽으로 겹겹이 달려 나옵니다. 8~12개의 검은 갈색 씨를 품은 열매가 생기기도 하지요.

나물로 먹거나 약재로도 쓰이는 갯질경이.

괴물유령갯지렁이

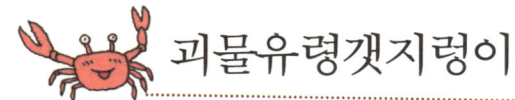

갯벌에 가면 흔히 볼 수 있는 작은 구멍들, 그 구멍을 만드는 것은 바로 이 갯지렁이예요. 갯지렁이는 그 종류가 다양한데, 그중에서도 괴물유령갯지렁이는 전 세계 어느 갯벌에 가도 볼 수 있습니다.

괴물유령갯지렁이는 몸길이가 3.5~5㎝로 그리 길지 않지만 몸에 마디가 40~45개나 됩니다. 검은 녹색 빛을 띠는 몸의 앞쪽은 불룩하고, 뒤로 갈수록 가늘어지며 색도 점점 연한 녹색으로 변합니다. 이 갯지렁이의 가장 큰 특징은 길이가 무려 1.2m나 되는 하얀 촉수를 집 밖으로 내밀어 먹이를 낚아채면서 살아간다는 것이지요. 갯벌에서 볼 수 있는 작은 구멍의 대부분은 바로 갯지렁이가 촉수를 내놓기 위해 생긴 것입니다.

TIP 요건 몰랐지?

갯벌에 머무는 철새들

새들 중에는 한곳에서 계속 머무르는 새도 있고, 겨울이 되면 추위를 피해 다른 곳으로 이동하는 철새도 있습니다. 가을이 되면 우리나라에는 추위가 빨리 찾아오는 북쪽에서 수많은 철새가 찾아와요. 이 새들은 주로 강이나 바다 주변의 갯벌에서 많이 서식합니다.

멸종 위기의 천연기념물인 흑두루미.
ⓒ KENPEI@the Wikimedia Commons

멸종 위기의 동물인 흑두루미는 겨울을 나기 위해 우리나라 전라남도 순천만의 갯벌로 찾아옵니다. 천연기념물 제 228호로도 지정되어 있는 이 흑두루미는 몸길이가 105㎝ 정도로, 머리와 목은 흰색이고 나머지 부분은 대부분 흑색을 띠고 있어요. 여러 가족이 큰 무리를 이루어 생활하고 이동도 함께 하기 때문에 운이 좋으면 멋진 흑두루미 떼를 볼 수도 있습니다.

길고 활처럼 굽은 부리가 인상적인 마도요.
ⓒ AngMoKio@the Wikimedia Commons

길고 활처럼 굽은 부리가 인상적인 마도요는 봄과 가을에 우리나라를 지나는 철새입니다. 전국에서 흔히 볼 수 있지만, 특히 낙동강 하구 갯벌에서 많이 볼 수 있어요. 누런 갈색 몸에 검은색 무늬가 있고, 아래 등과 허리, 꽁지 부분은 흰색을 띠고 있으며, 맑은 울음소리를 냅니다. 마도요는 긴 부리를 갯벌에 박고 게나 새우, 조개 등을 잡아먹으며 살아요. 하지만 갯벌이 점차 매립되면서 우리나라를 찾아오는 마도요의 숫자는 점점 줄어들고 있습니다.

맛조개

입수공

조개류 동물이 호흡하기 위해 물을 빨아들이는 구멍입니다. 빨아들인 물속에서 산소를 흡수합니다.

출수공

조개류 동물이 호흡하기 위해 물을 내뿜는 구멍입니다. 빨아들인 물속에서 산소를 흡수한 후 그 물을 출수공을 통해 바깥으로 내보냅니다.

갯벌에 구멍을 만들어 내는 범인은 갯지렁이 말고도 한 생물이 더 있습니다. 우리가 맛살이라고도 부르는 맛조개입니다.

맛조개는 갯벌이나 얕은 바다의 모래펄에 구멍을 파고 살고 있습니다. 다른 조개들에 비해서 긴 입수공과 출수공을 가지고 있어서, 작은 숨구멍을 모래 위로 내놓고 살지요. 혹시 썰물 때 작은 구멍이 보이면 모래를 조금 걷어 내고 그 구멍에 소금을 살살 뿌려 보세요. 소금에 자극을 받은 맛조개가 구멍 입구로 쏙 튀어나올 수도 있습니다.

맛조개. 맛살이라고도 부른다.

수온이 20℃ 이상인 6~7월에 알을 낳는 맛조개는 우리나라와 일본, 타이완, 중국 등지에 많이 분포해 있어요. 전체적으로는 갈색이지만 표면이 벗겨지면 안쪽에 광택이 나는 흰 껍질이 드러나기도 합니다. 살은 옅은 붉은색을 띠는데, 내장이 붉은 것은 독성이 있으므로 주의해야 합니다.

칠면초

칠면초는 갯벌에 무리 지어서 자라는 풀입니다. 줄기는 15~50㎝까지 자라며, 윗부분에 가지가 많아요. 잎은 5~35㎜ 정도로 작고 녹색을 띠는데, 점점 붉은빛을 띠는 자주색으로 변합니다.

8~9월에는 녹색 꽃이 피고, 이 꽃 역시 점점 자주색으로 변합니다. 하지만 이 꽃은 꽃잎이 없습니다. 둥근 달걀 모양으로 꽃받침이 갈라질 뿐이에요. 하지만 꽃잎만 없을 뿐 암술 한 개, 수술 다섯 개로 갖출 것은 다 갖고 있습니다.

우리나라와 일본에만 있는 칠면초는 어린순을 나물로 먹기도 합니다. 뿌리를 제외한 나머지 부분은 한약재로 쓰기도 하는데, 열을 내리는 데 효과가 있습니다.

순천만의 칠면초와 갯벌. ⓒ 김동욱

바지락

바지락의 색깔, 무늬, 크기는 서식지에 따라 다르다.

원래 '바지라기'라고 불리던 바지락은 우리나라 사람이 가장 많이 먹는 조개입니다. 된장국, 미역국, 칼국수 등에 들어 있던 바지락을 기억하나요? 갯벌에 가면 가장 흔히 볼 수 있는 조개의 한 종류지요.

바지락은 달걀 모양의 타원형으로 부풀어 오른 딱딱한 껍데기를 갖고 있습니다. 껍데기의 표면은 거칠고 크기, 색깔, 무늬, 형태 등은 서식지에 따라서 다양합니다. 어린 조개는 30일 동안 4.8~5.7m 정도 이동할 수 있고, 모래나 진흙 속에 있는 식물성 플랑크톤을 먹고 삽니다.

번식과 성장이 빠르고, 거의 이동하지 않기 때문에 많은 어민이 바지락 양식을 해요. 산란기는 7월 초부터 8월 중순까지로, 그 시기를 제외하고는 언제든 바지락을 볼 수 있습니다.

식물성 플랑크톤

물속에서 물결에 따라 떠다니는 작은 생물을 통틀어 이르는 말입니다. 조개나 작은 물고기의 중요한 먹이입니다.

별불가사리

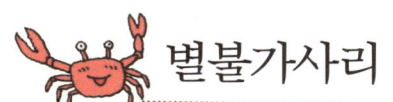

실패를 닮아서 실패불가사리라고도 불리는 별불가사리는 몸이 오각형입니다. 팔은 보통 4~5개가 달려 있지요. 몸의 윗면은 짙은 녹색 바탕에 오렌지색 무늬가 있고, 아랫면은 연한 오렌지색이에요.

별불가사리는 육식성이기 때문에 갯벌에 사는 고둥이나 갯지렁이 등의 알을 잡아먹고 살아요. 그리고 물에 사는 생물들을 직접 잡아먹기도 합니다. 이런 별불가사리의 식성은 굴, 전복, 조개 등을 기르는 주변 양식장에 큰 피해를 주기도 하지요.

별불가사리는 우리나라 전국의 얕은 바다에서 살고 있기 때문에 썰물로 바닷물이 빠지면 쉽게 그 모습을 볼 수 있습니다.

낙지

오징어와 비슷하게 생겼다는 이유로 낙지가 깊은 바닷속에 산다고 생각하는 사람이 많아요. 하지만 낙지는 갯벌에 가면 볼 수 있는 갯벌 생물입니다.

머리에 다리가 여덟 개가 붙어 있는 낙지는 얕은 바다의 돌 틈이나 진흙 속에 굴을 파고 삽니다. 굴 속에 있다가 긴 다리만 내밀어 조개나 새우 같은 먹이를 잡아먹기도 하지요. 오징어처럼 먹물주머니를 갖고 있어서 쫓기거나 위급할 때 먹물을 내보내 주위를 뿌옇게 만들어 자신을 보호하기도 합니다.

큰 낙자는 몸의 길이가 70cm나 되는 것도 있습니다. 보통 5~6월이면 알을 낳고, 우리나라와 일본, 중국에서 많이 볼 수 있어요.

갯벌에서 볼 수 있는 낙지. ⓒ Albert kok@the Wikimedia Commons

말뚝망둑어

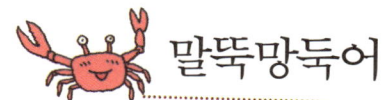

말뚝망둑어는 강과 바다가 만나 바닥이 진흙이나 모래로 이루어진 강의 하구나 갯벌에서 볼 수 있는 물고기입니다. 습기만 있다면 물 밖으로 나와서도 호흡을 하며, 물 밖에서 22~60시간까지도 살 수 있을 정도로 물 밖의 생활이 익숙합니다.

물 밖 생활이 익숙한 말뚝망둑어.
ⓒ OpenCage@the Wikimedia Commons

길이가 제일 긴 것이 10㎝밖에 되지 않는 말뚝망둑어의 몸은 원통 모양으로 길고, 꼬리 부분은 옆으로 갈수록 납작해집니다. 눈은 머리 위로 튀어나와 있고, 두 눈이 붙어 있어 그 모습이 재미있지요. 몸 옆에는 20개가 넘는 갈색의 가로 줄무늬가 있고, 작고 검은 반점이 몸 여기저기에 흩어져 있어요. 이런 특이한 생김새 때문에 어항에 넣어 키우기도 합니다.

말뚝망둑어는 물 위를 낮게 날아다니는 곤충이나 갯벌에 살고 있는 갯지렁이 등을 잡아먹고 삽니다. 그리고 6~7월경 산란기가 되면 진흙 바닥을 파고 들어가 알을 낳아요. 우리나라와 일본, 중국, 타이완, 홍콩에서만 볼 수 있는 귀한 물고기입니다.

괭이갈매기

이른 봄부터 8월 말 여름이 끝날 무렵까지 충청남도 태안 갯벌에 가면 괭이갈매기를 쉽게 볼 수 있어요. 괭이갈매기는 알을 낳기 위해 이른 봄 우리나라를 찾아오는 새입니다. 몸길이는 46cm, 날개 길이는 34~39cm인 중간 크기의 갈매기입니다.

괭이갈매기의 머리, 가슴, 배는 흰색이고 날개와 등은 회색빛이에요. 그리고 꽁지 끝에 검은 띠가 있어서 다른 갈매기와 쉽게 구별할 수 있습니다.

울음소리가 고양이와 비슷한 괭이갈매기.
ⓒ Bamse@the Wikimedia Commons

5~8월 사이에 사람의 인적이 드문 풀밭에 4~5개의 알을 낳는 괭이갈매기는 8월 말경 어린 새끼와 함께 우리나라를 떠나 바다 생활을 시작합니다. 그곳에서 물고기나 곤충, 물풀 등을 먹고 삽니다. 괭이갈매기의 가장 큰 특징은 울음소리가 고양이와 비슷하다는 점이에요. 하늘을 날아다니는 새한

테서 고양이 울음소리가 나다니 매우 독특하지요. 또 한 가지 괭이갈매기의 특징은 그들이 있는 곳엔 늘 어부들이 따라다닌다는 것입니다. 물고기가 많은 곳엔 늘 괭이갈매기가 많기 때문에 어부들이 고기잡이를 할 때 힌트를 얻을 수 있습니다.

이외에도 갯벌에 사는 생물들은 아주 많아요. 생물들은 갯벌에서 잡아먹고 잡아먹히면서 생태계의 균형을 맞추어 나가고 있습니다.

TIP 요건 몰랐지?

갯벌의 생태계

갯벌 생태계는 바닷물과 강물이 만나는 경계 지대에 형성되기 때문에 생물의 종류가 특이하고 다양합니다. 그렇게 때문에 갯벌은 육지와 바다의 환경을 이어주는 다리 역할을 하고 있습니다.

해양 생태계의 먹이사슬은 갯벌에서 시작되기 때문에 육지와 가까운 바다에 사는 생물의 66%가 갯벌 생태계와 직접적인 관련이 있고, 대부분의 물고기 및 조개들이 알을 낳고 새끼를 키우는 장소로 갯벌을 이용하고 있으므로 90%가 직간접으로 의존하고 있는 셈입니다. 많은 종류의 물새와 일반 새들도 먹이를 구하고 휴식을 취하며, 알을 낳는 장소로 갯

이렇게 아름답고
유용한 갯벌은
꼭 보호해야겠다.

벌을 이용하지요. 서해안의 경기만과 천수만 일대의 갯벌은 철새들의 중요한 서식지인 동시에 좋은 자연 학습장이 되고 있어요.

특히 우리나라 전라남도 지역 갯벌 생태계가 매우 건강하고 다양성이 높은 것으로 나타났습니다. 국립수산과학원 갯벌연구소는 우리나라 전체 갯벌의 42%를 차지하는 전라남도 지역의 갯벌을 조사한 결과, 500종 이상의 저서 생물(바다, 늪, 하천, 호수 따위의 밑바닥에서 사는 생물을 통틀어 이르는 말이다)이 서식하고 있는 것으로 나타나 건강한 생태계가 유지되고 있는 것으로 조사됐다고 발표했어요. 갯벌연구소 관계자는 "이번 조사 결과를 바탕으로 멸종 생물 보전 및 습지 보호 지역 추가 지정, 람사르 습지 등록 등 갯벌 보전을 위한 정책 수립에 활용할 예정"이라고 말했습니다.

갯벌은 육지와 바다의
환경을 이어 주는 다리
역할을 하는구나.

Q&A 꼭 알고 넘어가자!

문제 1 갯벌에서 맛조개를 보려면 어떻게 해야 할까요?

문제 2 별불가사리는 무엇을 먹고 살까요?

3. 말뚝망둑어는 강과 바다가 만나 바닥이 진흙이나 모래로 이루어진 강의 하구나 갯벌에서 볼 수 있는 물고기입니다. 습기만 있다면 물 밖으로 나와서 호흡을 하면서 22~60시간까지 살 수 있을 정도로 물 밖의 생활이 익숙합니다.

4. 괭이갈매기가 있는 곳엔 늘 어부들이 따라다닙니다. 물고기가 많은 곳엔 늘 괭이갈매기가 있기 때문입니다.

문제 3 물 밖에서 오랜 시간 동안 살 수 있는 물고기는 무엇일까요?

문제 4 고양이 울음소리와 비슷한 소리를 내는 괭이갈매기가 사람들한테 어떤 도움을 줄까요?

정답

1. 맛조개는 갯벌이나 얕은 바다의 모래펄에 구멍을 파고 작은 숨구멍을 모래 위로 내놓고 삽니다. 혹시 썰물 때 작은 구멍이 보이면 모래를 조금 걷어 내고 그 구멍에 소금을 살살 뿌려 보세요. 소금에 자극을 받은 맛조개가 구멍 입구로 쏙 튀어나올 수 있습니다.

2. 별불가사리는 육식성이기 때문에 갯벌에 사는 고둥이나 갯지렁이 등의 알을 잡아먹고 살아요. 그리고 물에 사는 생물들을 직접 잡아먹기도 합니다. 이런 별불가사리의 식성은 굴, 전복, 조개 등을 기르는 주변 양식장에 큰 피해를 주기도 하지요.

관련 교과

초등 5학년 2학기 1. 환경과 생물
초등 6학년 1학년 4. 생태계와 환경
초등 6학년 2학기 3. 쾌적한 환경

4. 갯벌이 주는 혜택

갯벌에는 많은 생물들이 살고 있다는 것을 알게 되었습니다. 갯벌은 존재 자체만으로도 이렇게 많은 생물들의 터전이 되는 것이지요. 갯벌은 사람에게도, 동물에게도, 식물에게도 많은 도움을 줍니다. 갯벌이 주는 혜택에는 어떤 것들이 있는지 더 알아볼까요?

다양한 생물의 터전

갯벌은 다양한 생물들의 서식지가 되고 있습니다. 갯벌은 위치에 따라 염분의 양이나 물이 빠져 땅이 드러나는 시간이 다르기 때문에 그만큼 다양한 생물들이 살 수 있지요. 또한 갯벌은 바다와 육지가 만나는 경계면에 위치하기 때문에 그곳에 살게 되는 생물의 종류가 더욱 다양합니다.

서해안과 남해안 갯벌에 살고 있는 생물의 수는 어류가 200여 종, 게나 새우와 같은 갑각류가 250여 종, 조개나 굴과 같은 연체동물이 200여 종, 갯지렁이가 100여 종 이상이나 됩니다. 이 밖에도 200종류 이상의 미세 조류, 100종이 넘는 바다 새, 50종에 가까운 식물들이 갯벌에 터를 잡고 살아가고 있어요.

우리나라는 갯벌의 형태가 매우 다양합니다. 그래서 생태계의 먹이 관계를 따져볼 때 육지에 사는 생물의 60% 이상이 해안의 생태계와 연결되어 있습니다. 그리고 대부분의 물고기들은 먹이와 번식을 위한 장소로 갯벌과 같이 육지와 가까운 연안을 선택하지요. 그렇기 때문에 어업 활동의 90% 정도가 갯벌에서 이루어지고 있습니다. 갯벌은 농경지나 산림 지역에 비해 더 많은 것을 생산하고 있다고 볼 수도 있습니다.

어업 활동

물고기, 조개, 김, 미역 따위를 잡거나 기르는 산업 또는 직업 활동입니다. 이 활동 덕분에 갯벌에서 나는 풍부한 먹을거리가 우리 식탁에 오를 수 있습니다.

다양한 수산물의 생산지

갯벌에 사는 다양한 생물들은 사람들에게 풍부한 먹을거리가 되어 주고 있어요. 갯벌에 사는 생물 중 사람의 먹을거리로 가장 비중이 높은 것은 바로 조개류입니다. 우리나라 갯벌에서는 조개류가 1년에 약 5만~9만t이나 생산되고 있어요. 뿐만 아니라 많은 사람들이 좋아하는 낙지도 연간 1,000t이나 생산되고 있습니다. 이 밖에도 꽃게류, 새우, 민물뱀장어 등 갯벌에는 우리의 먹을거리가 아주 풍부하게 살고 있지요.

갯벌에서는 굴을 양식하는데, 맛이 좋아 인기가 높다. ⓒ Gugerell@the Wikimedia Commons

갯벌에서는 양식을 통해 우리의 먹을거리가 생산되기도 합니다. 대표적인 것으로는 김과 굴이 있어요. 우리나라의 김 양식은 갯벌 주변의 풍부한 염류를 이용하는 훌륭한 수산업으로 유명합니다. 그리고 굴은 알에서 깬 직후 몇 차례의 변태를 거쳐 2, 3주일이 지나면 고착 생활을 합니다. 양식장이 있는 바닷물에 돌이나 목재 또는 폐타이어 등을 넣어 굴이 떨어지지 않게 붙인 뒤에 키워서 채취하는 방식으로 양식을 하지요. 이런 방식으로 채취된 굴은 크기는 작지만 맛이 아주 뛰어나 인기가 매우 높답니다. 이처럼 갯벌은 사람들의 식탁을 책임지는 중요한 역할을 맡고 있습니다.

TIP 요건 몰랐지?

람사르 협약

람사르 협약에 지정된 우리나라의 순천만 © 김동옥

람사르 협약은 물새가 서식하는 습지대를 국제적으로 보호하기 위해 1975년 12월에 만들어진 것으로, 전 세계 150여 개국이 이 협약에 가입되어 있습니다. 우리나라는 1997년에 101번째 가입국이 되었습니다.

정식 명칭은 '물새 서식지로서 특히 국제적으로 중요한 습지에 관한 협약'입니다. 우리나라는 106ha(헥타르) 크기의 강원도 양구군 대암산 용늪이 중요 습지로 지정되었고, 순천만은 2006년 1월에 지정되었습니다.

람사르 협약에 지정될 수 있는 습지는 독특한 생물과 지리적 특성을 가지고 있거나, 희귀 동물의 서식지이거나, 물새의 서식지로서 중요성을 가지거나, 어종의 서식 및 어류의 먹이를 제공하고, 알을 낳는 장소로서 중요한 역할을 하는 습지여야만 합니다. 우리나라의 습지들 중 여러 곳이 이 기준에 부합되기 때문에 앞으로도 계속해서 이 협약에 우리 갯벌들이 많이 지정될 것이라고 기대하고 있습니다.

오염 물질이 정화되는 갯벌

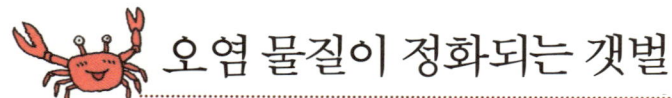

갯벌은 육지에서 만들어진 여러 가지 오염 물질을 정화하는 기능을 가지고 있습니다. 어떤 방법으로 정화하는 것일까요?

강이나 하천에서 오염된 물은 바다 쪽으로 흐르게 됩니다. 그리고 바다로 합쳐지기 전 갯벌과 만나게 되지요. 이때 바로 갯벌로 흘러드는 것이 아니라 갯벌의 가장자리에 자라고 있는 식물들과 만나게 되는데, 식물들이 물속에 섞여 있는 오염 물질들이 더 이상 흘러들어가지 못하게 걸러 주는 역할을 합니다. 결국 오염 물질들은 그 자리에 가라앉게 됩니다.

그리고 갯벌 속에 살고 있는 수많은 미생물들 또한 오염 물질을 정화하고 있습니다. 미생물은 오염 물질을 활발히 분해하여 수질을 개선시키는데 도움을 줍니다. 실제로 미국의 한 교수는 실험을 통해 0.01㎢의 갯벌이 오염 물질 21.7kg을 정화할 수 있다는 것을 확인했습니다.

갯벌이 오염 물질을 정화하는 능력이 있다는 또 다른 증거로 서해안 지역에서는 바닷물 오염의 대표적인 현상으로 동물성 플랑크톤이 갑자기 많이 번식하여 바닷물이 붉게 물들어 보이는 현상인 적조 현상이 거의 발생하지 않는다는 사실을 들 수 있습니다.

미생물

눈으로 볼 수 있는 한계를 넘어선 0.1mm 이하의 크기인 작은 생물을 말합니다. 식품, 의약품 등 생산 공업이나 생물 자원으로 이용됩니다.

갯벌은 오염된 물을 정화시키는 것뿐만 아니라 사람의 지친 마음을 정화시켜 주기도 합니다. 정서를 안정시킬 수 있을 만큼 아름다운 경관을 갖고 있고, 낙지나 조개 줍기 등의 활동을 할 수도 있지요. 환경과 인간의 마음까지 정화시켜 주는 갯벌이 없으면 우리의 환경과 마음은 더 황폐해질 것입니다.

물새들의 서식처

우리나라에 살았던 적이 있거나 살고 있는 것, 혹은 우리나라를 거쳐서 지나가는 물새의 종류는 얼마나 될까요? 무려 173종이나 됩니다. 이 중에는 희귀한 새들도 상당히 많이 포함되어 있어 그 가치가 더욱 높지요.

우리나라의 갯벌은 많은 물새들의 소중한 알을 낳는 장소이며 서식처가 되고 있습니다. 또한 충남 서산, 아산, 시화, 그리고 금강, 한강 등 강의 하구와 주변 갯벌은 우리나라를 통과하는 철새들이 중간에 잠시 쉬어가는 곳으로 이용됩니다.

그런데 지난 10년 사이의 조사에 따르면, 우리나라에 살거나 우리나라를 거쳐 가는 물새의 수가 점점 감소하고 있습니다. 갯벌의 먹이가 부족해지고, 환경이 나빠지기 때문이지요. 하지만 아직까지는 희귀 조류들이 많이 발견되고 있습니다. 만약 계속되는 간척과 매립으로 인해 갯벌이 점점 좁아지게 되면 이 새들조차 볼 수 없게 될 것입니다.

우리나라 대표 철새인 두루미는 줄어든 서식지 때문에 그 수가 줄어들고 있다. ⓒ S.Yoo@the Wikimedia Commons

TIP 요건 몰랐지?

갯벌의 가격은 얼마일까요?

영국의 과학 전문 잡지인 《네이처》는 갯벌의 여러 가지 좋은 점들을 고려하여 그 가치를 다음과 같이 돈으로 환산했습니다. 갯벌의 생태학적 가치를 0.01㎢당 9,900달러로, 농경지의 가치인 92달러보다 100배 이상의 가치를 가지고 있다고 평가했지요.

우리나라 갯벌에 대한 가치를 평가한 자료도 있습니다. 우리나라 갯벌의 수산물 생산 가치는 1,199만 원, 서식지 제공 가치는 904만 원, 수질 정화 가치는 444만 원, 사람들의 여가를 위한 가치는 174만 원, 재해를 예방할 수 있는 가치는 173만 원으로 평가를 받았습니다. 이를 단위 면적을 바꾸어 다시 계산해 보면 1㎢당 39억 1,900만 원입니다. 여기에 우리나라 갯벌의 총 면적인 2,550㎢를 곱해 본다면 연간 9조 9,934억 원이나 되는 가치를 갖고 있다는 뜻입니다.

갯벌은 농경지보다 가치가 100배 이상 높구나.
그럼 우리나라 갯벌의 가치는 얼마나 될까?
13278....

Q&A 꼭 알고 넘어가자!

문제 1 갯벌에서 얻을 수 있는 먹을거리에는 어떤 것이 있을까요?

문제 2 람사르 협약은 무엇일까요?

3. 강이나 하천에서 오염된 물은 바다 쪽으로 흐르게 됩니다. 바다로 합쳐지기 전 갯벌과 만나게 되지요. 이때 바로 갯벌로 흘러드는 것이 아니라 갯벌의 가장자리에 자라고 있는 식물들과 만나게 되는데 식물들이 물속에 섞여 있는 오염 물질들이 더 이상 흘러 들어가지 못하게 걸러 주는 역할을 합니다. 그리고 갯벌 속에 살고 있는 수많은 미생물들 또한 오염 물질을 정화하는 일을 합니다.

문제 3 갯벌은 어떻게 오염 물질을 정화시킬까요?

정답

1. 갯벌에 사는 생물 중 사람의 먹을거리로 가장 비중이 높은 것은 바로 조개류입니다. 뿐만 아니라 많은 사람들이 좋아하는 낙지도 있습니다. 이 밖에도 꽃게류, 새우, 민물뱀장어 등 갯벌에는 우리 먹을거리가 아주 풍부하게 살고 있습니다. 또한 갯벌에서는 양식을 통해 김과 굴을 생산하기도 합니다.

2. 람사르 협약은 '물새 서식지로서 특히 국제적으로 중요한 습지에 관한 협약'으로 물새가 서식하는 습지대를 국제적으로 보호하기 위해 만들어진 것입니다. 우리나라는 강원도 양구군 대암산 용늪과 순천만이 지정되었습니다.

관련 교과

초등 4학년 1학기 2. 지표의 변화
초등 6학년 1학기 4. 생태계와 환경
중학교 1학년 5. 지각의 물질과 변화

5. 세계의 갯벌

다양한 동물과 식물들이 살아가는 서식처가 되고 오염 물질을 제거하며 아름다운 풍경까지 보여 주는 우리나라 서해안의 갯벌 지역은 세계 5대 갯벌로 손꼽히고 있습니다. 우리나라 외에도 어떤 갯벌들이 세계 5대 갯벌로 손꼽히고 있으며 어떤 특징을 가지고 있는지 알아볼까요?

캐나다 동부 연안

대서양 연안을 따라서 나타나는 캐나다 동부 연안에는 뉴브런즈윅, 노바스코샤, 프린스에드워드 섬 등이 자리 잡고 있습니다. 그중 가장 대표적인 습지 지역은 뉴브런즈윅입니다.

뉴브런즈윅은 캐나다 동부 대서양 연안에 있는 주로, 서쪽으로는 미국의 메인 주, 북쪽으로는 퀘벡 주와 경계를 이루고 있습니다. 이 지역은 퀘벡의 샬뢰르 만과 세인트로렌스 만, 노섬벌랜드 해협에 둘러싸여 있어요. 즉, 바다에 둘러싸여 있는 도시라고 할 수 있지요. 덕분에 갯벌도 아주 넓게 분포되어 있습니다. 이 지역의 해안선은 무려 5,500㎢에 이르고, 면적은 약 30만ha이며, 이 중에서 14만ha가 연안갯벌입니다. 캐나다 동부 연안 중 41% 정도를 차지하고 있는 셈이지요.

뉴브런즈윅의 연안 갯벌 중에도 갯벌이 가장 잘 발달되어 있는 곳은 샥스빌이라는 지역입니다. 이곳에는 조수 간만의 차가 13m나 되는 탄트라마 습지가 자리 잡고 있습니다. 이 습지는 펀디 만으로부터 10㎞ 정도 내륙으로 이어져 들어와 있어요.

간만

바다에서 조수가 빠져나가 해수면이 가장 낮아진 상태인 간조와 밀물이 가장 높은 해면까지 꽉 차게 들어오는 현상인 만조를 합하여 간만이라고 합니다.

세계에서 제일 간만의 차가 심한 펀디 만에는 리버싱 폭포가 있는데, 물이 거꾸로 흐르는 신기한 현

아름다운 뉴브런즈윅 펀디 만에 있는 호프웰 바위의 풍경. ⓒ Tongo7174@the Wikimedia Commons

상이 일어납니다. 세인트존 강과 펀디 만이 만나는 곳에 있는 이 폭포는 하루에 두 번 밀물이 들어올 때 이러한 현상을 관찰할 수 있습니다.

우리나라에서 간척 사업이 이루어지듯 이곳에서도 아주 오래전부터 간척 사업이 이루어졌습니다. 1700년대 초, 사람들은 바닷물이 더 이상 들어오지 못하도록 만을 막고 흙이 깊게 쌓이게 하여 풍요로운 농지로 만들기도 했습니다.

미국 동부 조지아 연안

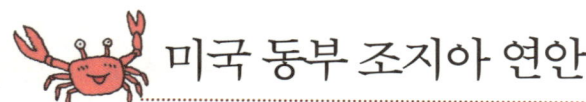

미국 대서양 연안에 걸쳐 있는 조지아 연안 습지는 대략적으로 480만ha의 크기를 갖고 있습니다. 각각의 습지는 그 크기가 아주 다양하고, 주로 하구나 만 주변에 널리 분포되어 있어요. 조지아 주 연안에 발달되어 있는 갯벌의 가장 큰 특징은 아열대 지역의 맹그로브 숲이 발달되어 있다는 것입니다.

뿌리가 땅이 아닌 물에 잠겨 있는 나무인 맹그로브.

맹그로브는 열대나 아열대 지방의 갯벌이나 하구에서 자라는 태생 식물이에요. 맹그로브는 태생 식물의 가장 대표적인 예로, 그 열매가 보통 바닷물을 타고 운반됩니다.

태생 식물

태생 식물이란 열매가 익으면 한동안 모체 내에 머물러 있다가 종자와 뿌리가 난 후, 떨어져 나가 번식하는 식물을 말합니다.

맹그로브의 또 다른 특징은 뿌리의 일부만 땅에 내리고, 또 다른 일부는 밖으로 내어 스스로 호흡한다는 것입니다. 때문에 흙이 아닌 물에 잠겨 있는 뿌리도 있고, 그냥 공기 중에 노출되어 있는 뿌리도 볼 수 있습니다.

맹그로브가 자리 잡고 있는 곳의 토양은 염도가 아주 높아 식물이 살기에 적합하지 못한 토질을 갖고 있어요. 하지만 맹그로브 숲은 세상에서 가장 비옥하고 가장 복잡한 생태계를 갖고 있습니다. 단순한 숲이 아니라 땅 대신 물이 흐르는 곳이어서 숲의 생태계의 수중 생태계가 함께 공존하는 곳이라고 볼 수 있습니다. 때문에 맹그로브가 있는 곳은 아주 중요한 생태계의 보고입니다.

TIP 요건 몰랐지?

영국의 갯벌

영국의 갯벌은 해안선을 따라 넓게 분포되어 있습니다. 국제적인 환경의 보고로서 그 중요성이 인식되어 대부분의 지역이 특별 보호 지역으로 지정되어 있지요. 영국의 갯벌에는 다양한 염생 식물들이 자라고 있어 겨울 철새, 야생 조류들에게 풍부한 먹이를 제공해 주고 있는데 수많은 야생 생물들의 서식지 역할을 하고 있습니다.

갯벌이 우리에게 주는 또 하나의 혜택은 홍수로부터 우리를 보호해 주는 것입니다. 태풍이나 해일이 발생하면 육지로 물이 흘러들어 홍수가 날 위험성이 커집니다. 그런데 육지와 바다 사이에 있는 갯벌이 일차적으로 그 물을 흡수하고 완화시켜 홍수의 피해를 어

으악! 해일이 몰려온다.
갯벌
걱정 마. 우리 갯벌의 힘을 믿어 봐. 해일쯤은 아무것도 아니야.

느 정도 막아 줄 수 있습니다. 갯벌은 흡수했던 물을 장기간에 걸쳐 조금씩 다시 바다로 흘려 보내는 방법으로 홍수를 조절합니다.

영국은 모든 면이 바다로 둘러싸여 있기 때문에 늘 해일의 위험성을 지니고 있어요. 그런데 갯벌이 파도의 힘이 흩어지도록 자연적인 방어 역할을 해 주고 있습니다. 이러한 갯벌의 중요한 역할을 인식한 영국 정부는 갯벌을 특별 보전 지역으로 지정하여, 갯벌 생태계의 파괴를 막고 그곳에 서식하는 모든 생물들에게 안전한 서식 환경이 제공될 수 있도록 꾸준히 관리하고 있어요.

영국에서는 갯벌을 주로 양과 소의 방목지, 해안의 풍력을 이용한 전력 개발, 갯벌의 자원을 이용한 의약품 개발을 위한 연구 단지, 갯벌 탐사 등의 목적으로만 사용한다고 합니다.

아마존 유역 연안

삼각주

강이 바다로 들어가는 어귀에, 강물이 운반해 온 흙이나 모래가 쌓여서 만들어지는 편평한 땅입니다.

사주

강이나 바다 위에 모래와 자갈로 이루어진 지형으로 길쭉한 모양이며 높이는 10m 이내입니다.

남아메리카에 위치하는 아마존 강은 길이 7,062㎞, 면적 705만㎢로 세계에서 가장 큰 강입니다. 이 강의 유역은 모래가 대부분이고 계절에 따른 지형 변화가 심한 편이에요. 약 8m 정도 되는 큰 조석간만의 차와 강으로부터 유입되는 많은 양의 흙으로 인해 대규모의 갯벌이 강의 하구에 잘 발달되어 있습니다. 하구 근처에는 크고 긴 삼각주와 수백여 개의 섬, 사주가 있습니다.

멸종 위기 동물 해우는 바다소라고 불린다.

아마존 유역의 가장 대표적인 습지는 브라질에서 찾아볼 수 있습니다. 브라질에는 람사르 협약을 맺은 람사르 습지가 일곱 개나 있고, 그중 세 개는 갯벌이 포함된 습지입니다. 그 면적은 4만 4,903.47㎢나 되지요. 브라질은 해안선의 길이가 8,000㎞에 이르고, 다양한 기후를 가지고 있어요. 때문에 동일한 유형의 갯벌이라 하더라도 그곳에 살고 있는 생물의 종류가 다릅니다.

가장 북쪽에 위치한 아마존 연안 지역은 진흙으로 되어 있어 맹그로브와 악어, 갑각류, 조류 등이 풍부하게 서식하고 있습니다. 그리고 북동부 연안 지역에서는 멸종 위기 동물인 해우와 바다거북 등을 해안에서 볼 수 있어 눈길을 끕니다.

아마존 강에는 '보토'라고 불리는 돌고래가 살고 있습니다. 몸 색깔은 푸른빛이 도는 회색이며, 배 부위는 분홍빛인데 온몸이 분홍빛을 띠는 돌고래도 있습니다. 바다에 사는 돌고래보다 헤엄치는 속도가 느려서 시속 1.5~3㎞로 헤엄칩니다. 요즘은 생태계의 파괴로 개체 수가 현저히 줄어들고 있습니다.

아마존 강의 삼각주.

북해 연안

독일, 네덜란드, 덴마크 해안이 속해 있는 북해 연안의 갯벌은 바깥쪽이 모래섬으로 둘러싸여 있습니다.

북해 연안의 갯벌 중 3분의 2는 독일에 속해 있습니다. 독일의 모든 갯벌들은 국립공원으로 지정되어 있을 정도로 그 가치가 높게 평가되고 있습니다. 총 면적 5,215㎢에 달하는 독일의 갯벌에서는 많은 관광 사업이 벌어

지고 있어요. 19세기경에 이미 해수욕장을 개장했고, 해마다 수백만의 관광객들이 찾아와 관광 수입을 늘리고 있습니다. 그렇기 때문에 갯벌 인근에 위치한 도시에서는 관광 사업을 통한 수입이 줄어들지 않도록 항상 갯벌이 훼손되지 않게 관심을 갖고 보존하기 위한 노력을 하고 있어요.

그 대표적인 예로 슐레스비히홀스타인 주 갯벌국립공원이 있습니다. 그곳에는 갯벌에 나무와 자갈로 만들어진 길이 조성되어 있어요. 국립공원 측에서 주변 환경 단체와 협력하여 관광객들이 편하게 다니면서도 조류와 식물을 보호할 수 있도록 만든 것입니다.

네덜란드의 갯벌은 총면적 2,970㎢로, 유럽 갯벌의 32%를 차지하고 있어요. 네덜란드의 갯벌은 테르쉘링엔 섬을 기준으로 하여 크게 동쪽과 서쪽으로 나누어집니다. 동쪽의 갯벌은 썰물 때 75%의 갯벌이 드러나지만, 서쪽의 갯벌은 조수 간만의 차가 작아 썰물 때에도 40%의 갯벌만이 모습을 드러내요. 이렇게 차이가 나는 것은 서쪽 갯벌이 진흙층이 얇고, 오염된 라인 강의 영향을 받고 있기 때문입니다.

네덜란드의 갯벌에서는 양식업이 많이 진행되고 있습니다. 주로 조개 양식이 이루어지고 있지요. 1998년 한 해 동안 조개 채취량이 9,600t에 달했다고 하니 그 규모가 어마어마합니다. 네덜란드 갯벌에서 볼 수 있는 특이한 광경 중 하나는 천연가스를 채취하는 것입니다. 서쪽 조이더발 지역의 갯벌에는 무려 220억m³의 천연가스가 매장되어 있는 것으로 추정되고 있습니다.

덴마크의 갯벌은 그 규모가 1,096㎢ 정도로 독일이나 네덜란드에 비하면 비교적 적은 부분을 차지하고 있어요. 하지만 덴마크의 갯벌은 자연적인 습지가 형성된 곳이 많아 그 가치를 높이 평가받고 있습니다. 그 한 예

대부분의 지역이 사구 지형으로 이루어진 뢰뫼 섬.
ⓒ Teofilo@the Wikimedia Commons

로 스캘링엔 지역에서는 약 100년 전부터 습지 식물들이 자라기 시작했어요. 이곳은 인간의 영향이 전혀 미치지 않은 대표적인 자연 습지의 예가 되었으며, 1934년에 이미 자연 보호 지역으로 지정되었습니다.

독일이나 네덜란드에서는 갯벌이 있는 지역이라면 어디든 사람들이 많이 모여 살고 있어요. 하지만 덴마크에서는 그와 달리 남쪽에 위치한 습지 지역에서만 사람들이 살고 있습니다. 따라서 덴마크의 갯벌은 독일이나 네덜란드의 갯벌에 비해 인구 밀집과 산업화에 따라 발생되는 문제가 적으며, 갯벌 해안이 전체 해안의 1%만을 차지하고 있어 관광객으로 인한 부담도 적은 편입니다.

덴마크의 대표적인 섬인 뢰뫼 섬은 섬 북쪽의 습지를 제외한 대부분의 섬이 사구 지형으로 이루어져 있습니다. 특히 섬의 서쪽 해안에는 폭 1~4㎞의 넓고 단단한 모래갯벌이 형성되어 있지요. 덴마크 정부에서는 이 모래를 채취하는 것을 원칙적으로 금지하고 있습니다. 단, 해안 보호를 목적으로 하는 경우에만 모래 채취가 허락됩니다.

사구

모래로 이루어진 언덕입니다. 사막에서 바람에 의해서 만들어진 내륙 사구와 해안에서 바닷물에 의해 만들어진 해안 사구가 있습니다.

TIP 요건 몰랐지?

일본의 갯벌

일본은 조차가 평균 2~3m에서 최대 6m 정도로, 우리나라에 비해서는 갯벌의 분포가 두드러지지는 않습니다. 규슈 연안과 세토 내해 등지에 집중적으로 분포되어 있는 일본의 갯벌은 그 면적이 5만ha 정도입니다.

일본에서도 오래전부터 간척 사업이 진행되어 왔습니다. 에도 시대 때부터 지속적으로 이루어진 일본의 간척 사업은 주로 농지 개발과 해일에 대한 대비책의 일환이었습니다. 그리고 1960년대부터 일본에 급격한 공업화가 시작되었고, 이에 따른 개발로 인해 갯벌은 점점 사라져 갔습니다.

일본의 갯벌 중 가장 큰 면적을 차지하는 곳은 '전빈갯벌'입니다. 전빈갯벌이란 다양한 생물이 살 수 있는 모래 성분으로 이루어진 갯벌을 말해요. 그렇기 때문에 전빈갯벌이 분포되어 있는 곳에서는 모시조개나 김 양식 등 생산성이 높은 수산업을 할 수 있습니다.

Q&A 꼭 알고 넘어가자!

문제 1 미국 대서양 연안에 걸쳐 있는 조지아 연안 갯벌의 가장 큰 특징은 무엇일까요?

문제 2 독일인들은 소중한 갯벌을 이용하면서도 보호하기 위해 어떤 일을 하고 있을까요?

3. 네덜란드 갯벌에서는 천연가스를 채취합니다. 서쪽 조이더발 지역의 갯벌에는 무려 220억㎥의 천연가스가 매장되어 있는 것으로 추정되고 있습니다.

4. 영국은 모든 면이 바다로 둘러싸여 있기 때문에 늘 해일의 위험성을 지니고 있습니다. 그런데 갯벌이 파도의 힘이 흩어지도록 자연적인 방어 역할을 해 주고 있어요. 그래서 갯벌 생태계의 파괴를 막고 그곳에 서식하는 모든 생물들에게 안전한 서식 환경이 제공될 수 있도록 꾸준히 관리하고 있습니다.

문제 3 네덜란드 갯벌에서 볼 수 있는 특이한 광경은 무엇일까요?

문제 4 영국 정부가 갯벌을 특별 보전 지역으로 지정한 이유는 무엇일까요?

정답

1. 조지아 주 연안에 발달되어 있는 갯벌의 가장 큰 특징은 아열대 지역의 맹그로브 숲이 발달되어 있다는 것입니다. 맹그로브의 특징은 뿌리의 일부만 땅에 내리고, 또 다른 일부는 밖으로 내어 스스로 호흡한다는 점이에요. 그렇기 때문에 흙이 아닌 물에 잠겨 있는 뿌리도 있고, 공기 중에 노출되어 있는 뿌리도 볼 수 있습니다.

2. 슐레스비히홀스타인 주 갯벌국립공원에 가 보면 갯벌에 나무와 자갈로 만들어진 길이 조성되어 있습니다. 국립공원 측에서 주변 환경 단체와 협력하여 관광객들이 편하게 다니면서도 조류와 식물을 보호할 수 있도록 만든 것입니다.

관련 교과

초등 5학년 2학년 1. 환경과 생물
초등 6학년 1학기 4. 생태계와 환경
초등 6학년 2학기 3. 쾌적한 환경

6. 우리나라의 갯벌

우리나라는 세계 5대 갯벌로 손꼽힐 만큼 그 면적이 넓고 생태계적 가치가 높습니다. 이러한 소중한 갯벌을 가꾸고 지키려면 갯벌에 대해 잘 알아야겠지요? 우리나라에는 어떤 갯벌들이 있는지 지금부터 함께 알아보아요.

경기도와 인천의 갯벌

우리나라의 젖줄인 한강은 하류에서 임진강, 예성강과 합쳐져 서해로 흘러나갑니다. 한강 하류 지역은 조차가 최고 9m 이상으로 크고 넓은 갯벌이 자리 잡을 수 있는 조건을 갖고 있어요. 그렇기 때문에 한강의 하류인 인천시에서 바다와 만나는 지역에는 넓은 갯벌이 발달되어 있습니다.

강화도와 영종도, 시화호 주변의 갯벌은 철새 도래지로 유명합니다. 저

어! 여기에 분명히 영종도 갯벌이 있었는데….
헉헉! 여기도 갯벌이 아니네.

송도 신도시의 건설로 갯벌이 사라지고 있다. ⓒ G43@the Wikimedia Commons

어새, 장다리물떼새 등 희귀 조류들이 이 갯벌들을 많이 찾았습니다. 하지만 영종도 주변의 갯벌은 인천 국제공항 건설로 인해 매립되어 지금은 볼 수 없습니다.

철새 도래지

멀리서 날아온 철새들이 머무르는 곳입니다. 낙동강 하구, 속초 청초호수, 철원 비무장 지대, 창원 주남저수지 등이 유명합니다.

인천 중심부와 그리 멀지 않은 곳에는 송도 갯벌이 있고, 인천 남쪽에는 시흥 갯벌, 시화 갯벌, 남양 갯벌 등이 있어요. 특히 시흥 갯벌에는 아직까지 염전이 남아 있어 갯벌 자연의 아름다움을 한껏 자랑하고 있습니다. 송도 갯벌은 한때 우리나라에서 조개류가 가장 많이 생산되기로 유명했지요. 하지만 지금은 신도시 개발을 위해 매립이 진행되고 있는 상태입니다.

TIP 요건 몰랐지?

시화호가 아파요!

시화호는 1987년 6월부터 1994년 1월까지 6년 반 동안 진행된 시화지구 간척 사업으로 건설된 시화방조제에 의해 조성된 인공호수입니다. 시화호를 만든 원래의 목적은 시화방조제 건설 후 바닷물을 빼내고, 그곳에 염분이 적은 담수를 모아 인근 간척지에 농업용수를 공급하는 것이었어요. 그러나 의도와는 달리 방조제 공사 이후부터 주변 공장의 하수 및 생활 하수가 시화호로 흘러들어 왔고, 이는 심각한 수질 오염 문제를 일으켰습니다. 결국 조성된 지 불과 3년 만에 시화호는 죽음의 호수로 변해 버렸어요. 수십만 마리의 물고

세제
린스
샴푸
갯벌을 보호하는 것은 작은 실천에서 시작됩니다.

기가 떼죽음을 당하기도 했고, 간척지와 시화호가 접촉되는 지점에서는 해양 생물이 떼죽음을 당하는 등 그 피해는 날이 갈수록 심각해져 갔습니다.

시화호가 오염된 이유는 들어오는 물의 양에 비해 호수의 크기가 너무 커서 제대로 된 순환이 이루어지지 못했고, 이로 인해 오염 물질의 대부분이 호수 밑으로 가라앉았기 때문입니다. 또한 호수 주변에 조성된 공단 및 도시는 오염된 물이 호수로 유입되게 했습니다. 그리고 안산 하수 처리장에서는 용량이 부족해 유입되는 폐수의 일부를 그대로 시화호로 흘려 보내기도 했어요.

시화호는 지금도 너무 많이 아파하고 있습니다. 하지만 그 누구도 어디를 어떻게 개선해 나가야 할지 몰라서 그대로 방치되고 있어요. 시화호를 되살리려면 어떻게 해야 할까요?

우리가 할 수 있는 일은 물이 오염되지 않도록 생활 속 작은 일부터 실천해야 해요. 샴푸의 사용량을 줄이고, 합성 세제의 사용을 자제하는 등 가장 기본적인 수질 오염의 방지가 곧 시화호로 흘러 들어가는 물의 오염을 막는 작은 실천이 됩니다.

충청남도의 갯벌

충청남도 해안 지역에는 아산만 갯벌이 넓게 자리 잡고 있었습니다. 하지만 이 갯벌들은 1970년대 중반에 완공된 '아산방조제'와 '삽교방조제'로 막혀서 지금은 농사를 위한 땅이나 산업 단지를 목적으로 하는 지역으로 바뀌었습니다.

금강의 하류 지역에 위치한 장항과 서천 주변 갯벌 역시 대형 모래 갯벌이었지만, 현재는 간척과 매립 사업이 진행되고 있습니다.

충청남도에 유일하게 남은 갯벌인 가로림만 갯벌.

충청남도 지방의 갯벌들은 1970년대 이후부터 지속적으로 개발되고 있습니다. 그 결과 지난 10년 동안 충청남도 내의 갯벌 중 약 40% 정도가 사라지게 되었어요.

이제 충청남도 해안에 유일하게 남아 있는 대형 갯벌로는 '가로림만 갯벌'뿐입니다. 태안과 서산, 당진으로 둘러싸여 있는

가로림만은 그 지역 부근에서 어업의 중심지 역할을 하고 있습니다. 굴과 김 양식업도 활발히 진행되고 있지요. 물고기들의 산란장으로도 적합한 조건을 가지고 있어서 봄이나 여름에는 수많은 물고기들이 모여들기도 합니다. 그리고 염전이 남아 있는 곳도 있으며, 큰 조차를 이용한 조력 발전의 가능성도 갖고 있습니다. 유일하게 충청남도에 남아 있는 가로림만 갯벌에서만은 간척이나 매립 사업이 이루어지지 않으면 좋겠습니다.

산란장

물고기나 동물이 알을 낳는 곳을 말합니다. 요즘은 환경 파괴로 산란장이 많이 줄어들어서, 사람들은 물고기들이 많이 모이는 곳에 산란장을 만들어 주고 있습니다.

전라북도의 갯벌

전라북도의 갯벌은 우리나라 전체 갯벌의 5%만 차지하고 있습니다. 하지만 금강, 만경강, 동진강 등 큰 강의 하구가 있어서 하구 갯벌들이 잘 발달되어 있지요. 그런데 1991년 이곳에 만경강과 동진강의 하구와 고군산 군도를 연결하는 새만금 지구가 생기면서 세계 최대의 방조제를 건설하는 간척 사업이 진행되었습니다. 2조 원이나 되는 막대한 사업비를 들이는 큰 사업이었지요. 하지만 훌륭한 생물의 서식처를 훼손하고 수질을 악화시키는 등 커다란 문제를 일으켰습니다.

새만금 간척 사업이 진행되는 곳은 본래 전형적인 강의 하구 생태계가 자리 잡고 있었던 곳으로, 하구의 다양한 서식지를 따라 색다른 생물들이 서식하고 있습니다. 또한 조개류, 어류, 철새, 해변 식물들이 어우러져서 독특한 자연환경이 만들어지는 곳이기도 했지요. 이렇게 가치가 높은 곳이 간척 사업으로 훼손되었다니 정말 안타까운 일입니다.

전라남도의 갯벌

많은 섬에 넓은 갯벌 지역이 있는 신안군 ⓒ Gaël Chardon@flickr.com

전라남도의 갯벌은 우리나라 갯벌의 44%를 차지합니다. 많은 섬과 복잡한 해안선을 가지고 있어서 매우 다양한 형태의 갯벌이 만들어질 수 있습니다. 전라남도의 갯벌들은 미래의 중요한 자산이 되고 있습니다.

영광군, 무안군, 신안군에는 전라남도 갯벌의 80%에 가까운 갯벌들이 분포되어 있어요. 특히 신안군에 많은 섬으로 인해 가장 넓은 갯벌 지역이 만들어져 있습니다. 이 지역에는 진흙 갯벌이 많이 있고, 갯지렁이류가 가장 많이 살고 있지요.

전라남도 지역에는 개발의 손길이 닿지 않은 자연 갯벌들이 아직 많이 남아 있어요. 순천만 갯벌의 경우에는 자연적인 갈대 밀집 지역이기 때문에 멸종 위기 철새들의 도래지가 되고 있어 특별한 보호가 필요합니다.

이 밖에도 고흥반도의 득량만과 여자만에도 넓은 자연 갯벌이 자리 잡고 있어요. 이 갯벌들은 영광, 완도 지역과 더불어 수산 자원 보전 지역으로 지정되어 있습니다.

경상남도와 부산의 갯벌

갯벌 체험축제가 열리는 통영.

경상남도와 부산에 있는 갯벌은 우리나라 전체 갯벌의 약 3% 정도로 그 면적이 아주 작습니다. 서해안에 비해 조차도 작고 파도의 영향도 많이 받기 때문에 갯벌이 발달될 수 있는 여건이 아니지요. 따라서 아주 적은 지역에 갯벌이 분포되어 있습니다.

경상남도와 부산에는 비교적 해안의 굴곡이 심한 곳에 소규모의 갯벌들이 자리 잡고 있습니다. 사천만, 진동만, 고성만 갯벌 등이 대표적입니다. 이 갯벌들은 맛좋은 수산물이 많이 생산되고, 자연 경관이 뛰어나서 관광객들이 많이 찾아오고 있습니다.

통영시 한산도 갯벌에서는 '한산도 염개 갯벌 체험축제'가 열립니다. 이 축제에서는 조개 캐기와 갯벌 생태 탐방 등의 체험을 할 수 있지요. 이곳은 바지락과 모시조개, 참조개는 물론 쑥 등이 풍부한 곳으로 유명합니다.

TIP 요건 몰랐지?

갯벌 체험

다양한 생물들이 살고 있고 우리에게도 큰 도움을 주는 갯벌을 직접 체험하고 싶지 않나요? 다양한 조개나 물고기를 잡을 수도 있고 진흙을 이용한 여러 가지 놀이도 할 수 있는 행사가 우리나라 곳곳에서 벌어지고 있습니다. 충청남도 당진군에 있는 한진포구 바지락 갯벌 체험 축제, 전라남도 여수시에 있는 여자만 갯벌 노을 축제, 전라남도 보성군에 있는 벌교천상 갯벌 축제, 전라남도 신안군에 있는 신안섬 갯벌 축제, 경상남도 통영시에 있는 한산도 염개 갯벌 축제 등이 그것이지요.

이러한 축제들은 아름다운 갯벌의 자연 경관과 점점이 떠 있는 아름다운 섬들을 바라보면서 연인 및 가족들이 다양한 바다 체험을 통해 추억을 쌓을 수 있는 곳입니다. 축제 기간 동안 찍은 사진들을 경연하는 대회도 있고, 바다 음식을 체험하거나, 개매기 체험, 고막 잡기 체험, 바지락 캐기 체험, 뻘배 타기 체험, 갯벌 걷기 체험 등 다양한 프로그램이 있습니다.

여러분도 갯벌의 가치를 알고 보호하기 위해 가족들과 갯벌 체험을 해 보세요. 그런데 가족들과 즐거운 시간을 보낼 때 이렇게 즐거움을 주는 갯벌을 소중히 지키기 위해 자연을 훼손하지 않고 쓰레기를 다시 가져오는 등 환경 보호를 위해 힘써야 한다는 것도 잊지 마세요.

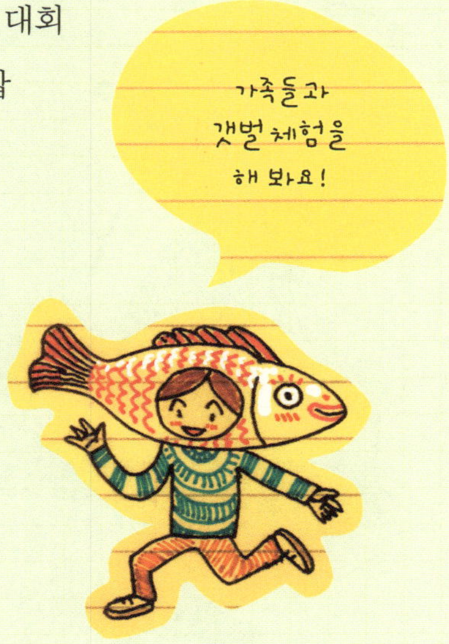

갯벌을 땅으로 만들어요

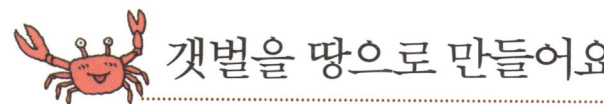

갯벌을 땅으로 바꾸는 간척과 매립은 언제부터 시작되었을까요? 기록에 의하면, 1200년대인 고려 시대 때부터 대규모 간척과 매립이 진행되었다고 합니다. 그 당시에는 식량이 부족했기 때문에 농경지를 만들기 위해서였습니다.

본격적으로 간척과 매립 사업이 시작된 것은 일제 강점기 때부터였습니다. 해방 이후 1960년까지는 주로 농경지를 만들기 위한 소형의 간척 사업이 이루어졌고, 1970년대 이후부터는 산업 용지와 용수 확보 등 다양한 목적의 대규모 간척 사업이 추진되었습니다. 그런데 1990년대에 들어서부터는 간척 사업이 시행되는 경우가 많이 줄었어요. 하지만 간척 사업이 진행되는 면적은 크게 늘어났습니다.

실제로 1998년 해양수산부의 조사에 따르면 우리나라의 갯벌은 1987년과 비교해 보았을 때 15%가 상실되었고, 최근 10년간 주요 간척 매립 사업으로 상실된 갯벌의 면적이 810.5㎢ 이상인데 이는 전체 갯벌 면적의 25% 이상을 차지하는 큰 부분입니다.

대규모 간척 사업은 해안의 서식지를 파괴하고 해안의 환경에 변형을 일으켰습니다. 이에 따라 자연과 지역 주민들의 삶에도 변화가 생겨 사회적인 문제로 이어졌어요. 이로 인하여 정부의 환경 정책에 대한 사람들의 불신감은 점점 더 커져만 갔습니다.

사람에 의한 피해

갯벌이 주는 정서적인 안정의 효과로 많은 사람들이 여가 시간을 보내기 위해 갯벌을 찾기 시작했습니다. 흔들리는 갈대밭과 상쾌한 바닷바람, 갯벌 속에 숨어 있는 많은 생물들은 갯벌을 찾는 사람들에게 큰 즐거움과 추억을 남겨 주었어요. 그런데 그대로 보전하고 유지되어야 할 갯벌의 주변 환경은 점점 변해갔습니다. 갯벌 주변 모래사장에는 방문객들을 위한 횟집들이 마구잡이로 들어섰고, 사람들은 갈대를 꺾어 가며 갈대밭 안으로 마구 들어가기도 했지요. 가지고 온 쓰레기를 무심코 버려 두고 가는 일은 너무나도 흔했습니다.

결국 갯벌은 사람들에 의해 또 한 번 아파야 했어요. 갈대밭이 점점 줄어들기 시작한 것입니다. 갈대밭이 줄어들자 갯벌의 생태계에 큰 변화가 나타났습니다. 갯벌이 가진 생산력과 기능은 급격하게 떨어졌어요. 또한 사람들이 마구잡이로 갯벌 생물들을 잡아대는 바람에 생물들의 서식지가 파괴되기도 했지요. 주변에 생긴 횟집과 사람들이 버리고 간 쓰레기는 갯벌의 아름다운 모습과 생태계의 기능을 크게 망가뜨렸습니다.

서식지

동물이 사는 곳을 말합니다. 동물의 크기, 먹잇감, 활동 양식에 따라 서로 다른 지역에 떨어져서 살기 때문에 각각의 환경을 보호하는 것이 중요합니다.

이렇게 우리에게 많은 도움을 주고 있는 갯벌을

우리가 아프게 만들고 있어요. 고마운 갯벌을 위해 환경을 소중히 지켜야 하지 않을까요? 가져갔던 쓰레기는 반드시 수거해 오고, 마구잡이로 갯벌을 파헤쳐서 생물을 잡거나 갈대와 같이 아름다운 자연을 훼손시키는 일은 없어야겠습니다.

TIP 요건 몰랐지?

태안 기름 유출 사건

사상 최대 규모의 기름이 유출된 태안 기름 유출 사건.
© JeongAhn@the Wikimedia Commons

2007년 12월 7일, 충청남도 태안군 만리포에서 북서쪽으로 10㎞ 떨어진 지점에서 해상 크레인과 유조선이 충돌하여 원유 1만 2,547㎘가 유출되는 끔찍한 사고가 발생했습니다. 이는 우리나라 해상에서 발생한 기름 유출 사고 중 최대 규모였어요.

유출된 기름은 곧 짙은 기름띠를 형성했고, 사고 당일 만리포, 천리포, 모항까지 유입되었습니다. 기름띠는 점점 확대되어 안면도까지 유입되었지요. 기름이 덩어리져 굳어 버리는 타르 볼도 점점 확산되어 2008년 1월 1일에는 전라남도 진도, 해남과 제주도의 추자도 해안에서까지 발견되기도 했습니다.

기름 유출 한 달 만에 수거된 폐유는 유출량의 절반에도 미치지 못하는 4,175ℓ밖에 되지 않았어요. 피해를 입은 양식장 면적만 서산시 1,071ha, 태안군 4,088ha에 이르렀으며 해수욕장, 어장, 양식 시설에 많은 피해를 입은 태안, 서산, 보령, 서천, 홍성, 당진 등 여섯 개 지역은 특별재난지역으로 선포되었습니다.

이 엄청난 해양 오염 사고로 서해안의 갯벌들은 숨 쉬기조차 힘들 정도로 피해가 매우 컸습니다. 많은 해양 생물들이 갑자기 몰려오는 기름에 죽어갔어요. 기름에 엉겨 붙어 꼼짝도 하지 못하고 있는 물새의 사진은 보는 사람들의 마음을 아프게 했습니다. 인간의 순

간적인 실수로 이 끔찍한 사건이 일어난 것입니다.

그런데 엄청난 해양 오염 재앙을 함께 극복하고자 서해안으로 향하는 자원봉사자들의 발길이 끊이지 않았습니다. 사고가 발생한 지 한 달 사이에 50만 명이 넘는 자원봉사자들이 매서운 바닷바람 속에서 기름덩이를 제거하는 데 동참했고, 재난 극복을 도우려는 성금도 끊이지 않았어요. 많은 사람들의 도움으로 제 모습을 찾아가고 있지만, 다시는 이러한 사고가 없어야겠습니다.

Q&A 꼭 알고 넘어가자!

문제 1 충청남도 해안에 유일하게 남아 있는 대형 갯벌은 어디일까요?

문제 2 갯벌을 땅으로 바꾸는 대규모 간척과 매립은 언제부터 시작되었을까요?

3. 시화호가 오염된 이유는 유입되는 물의 양에 비해 호수가 너무 커서 제대로 된 순환이 이루어지지 못했고, 이로 인해 유입된 오염 물질의 대부분이 호수 밑으로 가라앉았기 때문입니다. 또한 호수 주변에 조성된 공단 및 도시에서 오염된 물이 호수로 유입되게 했습니다. 시화호는 지금도 너무 많이 아파하고 있습니다.

4. 갯벌에 간다면 가져갔던 쓰레기는 반드시 수거해 오고, 마구잡이로 갯벌을 파헤쳐서 생물을 잡거나 갈대와 같이 아름다운 자연을 훼손시키는 일은 없어야 합니다.

문제 3 시화호가 오염된 이유는 무엇일까요?

문제 4 갯벌을 지키기 위해는 무엇을 해야 할까요?

정답

1. 이제 충청남도 해안에 유일하게 남아 있는 대형 갯벌로는 '가로림만 갯벌'뿐입니다. 태안과 서산, 당진으로 둘러싸여 있는 가로림만은 그 지역 부근에서 어업의 중심지 역할을 하고 있습니다. 굴과 김 양식업도 활발히 진행되고 있지요. 염전이 남아 있는 곳도 있으며, 큰 조차를 이용한 조력 발전의 가능성도 갖고 있습니다.

2. 기록에 의하면, 1200년대인 고려 시대 때부터 대규모 간척과 매립이 진행되었다고 합니다. 그 당시에는 식량이 부족했기 때문에 농경지를 만들기 위해서 간척 사업을 벌였습니다.